相思花

상사화

相思花

상사화

손옥자 시집

해암

| 시인의 말 |

찬겨울 날씨가 봄의 밀려나듯
언제 불어 닥칠지 모르는 날에
철없이 톡톡 터지는 꽃망울이
눈을 뜬다
새벽이슬로 행군 청개구리
연잎 위에 담장을 엮어가듯
어설픈 꿈의 나래를 펼쳐보고 싶었습니다
선뜻 내보이지 못한 나의 마음을
살얼음 건듯 건너 보고 싶었습니다
등단길에 들어선 어언 10여년 동안
흩어진 시의 낱말 하나하나 다듬어
화려한 옷은 걸치기는 했으나
화려하진 않고
중년을 넘긴 얼마남지 않는 시간
시의 영혼의 여행을 위해
용기를 내어 온화한 봄을 담아
묶어 보았습니다

2020년 봄의 날에

시인 손옥자

1 _ 봄

2_ 여름

3_ 가을

4_ 겨울

5_ 그리고 사랑

1_ 봄

딱따구리

설계도 없는 건설
자격증은 있나 몰라
날카로운 부리가 연장이다

산수가 제 것인 양
잘 자란 고목 터잡아
양지로 문을 내어

원뿔형이 데일세라
콕콕
토목공사 반지레하다

부부금실 정답구나
문밖으로
아이 울음이 크다고

망보는 딱따구리

우산

내 마음에 살아 숨쉬는
그대는
나의 우산이 됩니다

고달픈 삶이라고 말하지
마세요
신념 하나 믿고 의지하는
마음이

그대 향해 가고 있지요
바라보는 눈빛 빛나고 있음을
아무도 근접 못할 사랑꽃

나만의 뒷동산 꽃들의 향연
그저
눈빛 속의 사랑
행복이 피어 납니다

달

달밤에 홀로 앉아
밤하늘 올려다본다

외롭고 긴긴날
언젠가 만나본 애인 같아
올려다본다

어떨 때는 보름달
어떨 때는 그믐달
어떨 때는 초승달

내 마음에 쏙 들어온 달
내 마음 읽어주는 달

풀잎 기억

비는 죽어 흐르는 강물
나뭇잎 풀 죽어 미동 없는 밤
비가 지르 밟아놓은 풀잎
으스러진 어깨 아프다
말 못했다

고달픈 삶을
일으켜 세워 가야 했던 길
돌다리 건널 때마다
오금이 저렸다

누구 하나 거드는 이 없어도
살포시 한 풋내나는 몸짓이
창창한 내일
햇살로 방긋이 일어난다

진정한 삶은 생의 기쁨

비를 좋아하는 사람은
사랑을 아는 사람일 것이다

슬프고도 아름다운 과거가
있는 사람 일 것이다
혼자 걸어 보았는가 비 오는 날

그 무엇이 우수에 젖어 흐느끼는 지
생각도 없이 걷는 사람
감정은 사라지고 삐뚫어진
삶이란 것

보아라
한마리 잠자리를 보더라도
사랑 할 줄 알아야
진정한 생의 기쁨을 안다

어제의 그대에게

구름을 헤치며
맑은 하늘이 둥둥
떠 있네요

꽃들은 저마다 향기로
웃음으로
중년을 바라보는 나에게
꿈의 용기를 담아 드릴려고 하네요

잊고 지낸 줄 알았던 그대
꽃향기로 전해져 오는
다른 이를 사랑하듯

어린애까지 끼고 활보하는 착각이
그대의 본듯한 혼란이
착란이란 것을

세월은 얼만큼 지났어도
나는
그대를 잃어버린 줄 알았습니다

개나리

눈길 가는 곳마다
삿대질
버릇없는 철부지

흐드러지게 피어서
잔가지 마다 퍼질러 대는
샛노란 꽃잎들

아무리 세상이
천지개벽이라 해도
저렇게 버릇없는 것 봤나

예쁘기는 하다만
전통예절 배우고 난 뒤
보자꾸나

슬픈 거짓말

만날 것을 약속인 양
떠나간 님아
사무치는 그리움에 옷깃
하나 여미고

돌아왔다는 기쁜 소식
보이지 않을 님아
천 리 밖 외로운 꿈이
오락가락한다

시간은 세월을 먹고 가고 있는데
그 무엇에 흔들림인지
차리리 그 인연 아니라면
보내 버리거라

몇백 미터 낭떠러지 스쳐지나는
바람 속에
온전한 인연 없는 시인의 굴레 속
만나도 질 시리운 겨울바다

벚꽃이 안녕을 고하다

온 세상천지 무더기
내 마음속 분홍빛 연정
햇살의 담겨 수다로 며칠
잘난 체 하다

누구의 입살에
치마 끝 하나 거머쥐지 못한
헐거워진 고쟁이 끈
삐쭉삐쭉 내미는

푸른 잎사귀에 쫓겨나는
꼴 좀 보소
포르르 포르르 내 입술에 앉아
조곤조곤 하소연하다

진작 알았더라면 고쟁이에
고무줄 하나
꿰서 둘 걸 그랬나

해무

다리 난간을 품었을 때
슬그머니 차바퀴
속으로 숨어든 네가
늦은 한밤 중 발목 잡힌 술 한잔
집으로 가야 하는데

다람쥐 쳇바퀴 굴리듯
나의 흩어진 망상들이
구름을 다 모아놓고 엎어진
성깔머리
쳇바퀴를 빠져나온 후에

땅의 지열 맛본 몸짓이
순고한 넋이런가
차디찬 등성이에
수묵화를 그리며
무섭게도 째려보는 바퀴 시선

새벽이면 막다드린 운명인가?
광안대교의 언저리에
하루를 살다간 넋의 생명
나의 뇌리를 스치고 간다

그리움

비가 오는 창가에
카페오레 찻잔 속에
순수 여자의 시선이
꽂힌다
누군가의 기타 치는 선율
애달파하는 눈빛
핑크빛 그리움 내려앉는다

어린 생명 품속에 안고
이슬방울 방울이
철없이 곤히 잠자는 숨소리
고사리 같은 손가락에도
그리움이 내려앉는다

봄이면 매화꽃 젖망울 터져
몸져누울 때도
산 그림자 머리 위로 내릴 쯤
그리움은 더 깊이 내려

하늘 구석진 자리
반짝이는 별 하나에
미리 써놓은 엽서
허공 속 떠도는

부치지 못한 그리움 하나
하늘빛 내려앉는다

홍 목련

늦게나마
알아차리고
모퉁이 외진 그곳에 천직처럼
홍등을 켜고

앞에 가는 꽃잎 볼 때마다
속절없는 생이라고
비추어 보는 불빛

계절 바뀔 때마다 나도 흐린
눈빛
봄비는 내리고
젖은 속옷을 말리는 듯한 자목련

그 곱던 꽃잎
너덜한 꽃잎마저 눈이 부시다
누가 말했을까
갈 테면 어서 가 버려라

파도와 달의 그림자

아침나절 백운포로
향한 발걸음

파도는 발 아래서
일어나고

초저녁 때들은
물 한잔에 취하는지
달이 입술을 깨물다

달 그림자 속의 희꿈 한 나무
기울기로 쳐다보면
날이 저물고 있다는 것

하루 해가 긴 탓인지
멀대 같은 긴 그림자

휘청이는 저 시선
지친 영혼이
바다로 바다로
떠밀려 가고 있다

남은 생의 먼 그리움

우리가 서서 어딘가를
볼 수 있다는 설렘
누군가와 바다를 끼고
둘러보며
새벽을 여는 붉은 해를
볼 수 있으면 얼마나 좋으리
사랑하는 사람아
칡넝쿨같이 엉켜 살던 사람아
좋은 일 궂은 일 마다 안고
살다간 사람아
순간순간 꺼내 보는 추억

외로움이 마르고
그리움이 마르고
한 가닥 바람결 따라간 사람아
메마른 외로움에 장대비 그치고
메마른 그리움에 슬픈 비가 내리네
눈만 뜨면 아침 햇살 반짝일 때

남은 삶의 먼 그리움
봄꽃 피는 세월에
그리움 채우며 사네

홍매화

햇살이 정수리를 문
반쪽인 한낮
와작와작 씹다 뱉어놓은
봄 햇살보다 붉다
발정 난 숫 강아지
홍매화 보고 서서 짖어댄다
맨살 드러낸 붉은빛이
하르르 웃는 웃음 뒤의
양쪽 가슴 젖멍울쯤
핥아 줄 법도 하겠거니
숫 강아지 관능적 몸짓만
봄 노래만 부르고 있다
홍매화 그늘 속에
덜미 잡힌 목청
과격한 성질머리
게걸스러운 침샘이
주책이다

어제 내가 부산항 야영장에
모닥불 지필 때도
서너 개비 장작에도
홍매가 피고 있듯이
그 모습 지켜본 숫 강아지
불같이 짖고 있더라

삶이란 것이

궂은 일 슬픈 일 안 겪어온
사람 있던가
눈물이 마르면 감성은 부서지는 낙엽

나의 소녀시절 그 얼마나
아름다운 꿈들이 있었던가
살다보니

삶이란 것이
얼마나 달달했는 지를
그 얼굴의 청춘시절
아직도 창창함으로

살다보니
노을은 손짓으로 날 오라하네
내가 가고 너는 뒤에 와도
쉬이 나서지 말거라
천천히 와도 좋을 길이다

사공

노을이 물들어
따라가는 배야
나도 한번 떠나 보자
나는 홀로
너도 홀로
적막한 항해 위로 삼고
이 이야기 저 이야기 해 가면
저녁놀 뒤로 하고
노 한번 저을 적마다
깊은 속앓이 뒤로하고
저 노을 속으로

하늘이 높아진 걸 보며

여름이 다 갔다
하늘이 높아진 걸 보면
여름이 다 갔다
풋보리 빳빳이 고개 든 걸 보면

시원한 바람 불어 좋다
마당에 잡초도 뽑자
비에 패인 흙무지
돌 하나 묻고

여치가 아닌 이상
노래만 하고 쉴 수 없어
봄에 뿌려 놓았던 상추
한 소쿠리 뽑고
네 집 아닌 내 집 같아

며칠의 더부살이 뭔 대순가
텃밭의 호미질 빨강 잠자리

날고 벌 나비도 거들어
고추 상추 흐드러지게 피었다

호박 덩굴이 담장을 넘어오고
함지박만 한 웃음도
담장을 넘을 때
눈 감으면 아롱이는
그 집

相思花

손옥자 시집

2_ 여름

불나비

겨우내 써온 편지
빨간 우체통 속에
살며시 밀어 넣고

진달래꽃도
철쭉꽃도
봄 왔다
봄이 왔다

산등성이
활활 불 지피고 있다
우체통 속의 한 장 의 편지

불이야
야호 야호 메아리
꽃잎 연정
산 너머 메아리 따라 오른다.

비 개인 날

맑은 바람과 밝은 달은
밤의 들판에서 뛰어 놀고
봄이 올 듯 꽃이 필 듯
내 마음도 꽃 피워볼 양

비가 지나가고
바람이 지나가고
어디서 흘러온 구름 조각들

풀밭에 앉아 있으니
소소한 바람 불어
글 읽는 소리인 듯
책장 넘기는 소리인 듯

묵언 수행

우레를 뚫고
구름바다를 뚫고
장엄하게 올라오는 찬란한 빛

험난한 고난에 부딪히는
고샅길 따라
터벅터벅 옮겨 보는 발걸음

그래도
주저앉을 수 없기에
지날수록 희석되길
마음 다잡아 본다

묵언 수행
아름답고 소소한 풍경에
여럿이 꽃길 다다를 때까지

흔들리는 여운은 남아서

초봄 햇살이
목련 그늘 가지가지 사이로
따뜻이 들어와
수없이 뱉어보는 향기

작은 회색빛 새 한 마리
목련 가슴 옷고름 풀고 있다
적막을 깨우듯 어느 들녘을
헤멘다
가녀린 다리 오그리며 지낸다

이 초봄의 남의 심장을 후비는지
가지 끝 흔들리는 여운은 남아
꽃가지 그늘에서 둥지를 틀고

이 가지 저 가지 옮겨 앉으며
우는 새여

목련은 피어 흐드러졌는데
소식 없는 너는
어디 만큼 오고 있는가

섬진강 나룻길

연분홍 왕 버드나무
머리 풀어 감는 갓길에
잔물결마저 눈이 부시다
언제인가도 모를 다시 찾은

이 강가에
나룻배 한 척 떠나고 있음을
흰빛과 연분홍 꽃잎 연정이
붉고 노란 봄날이

잔인한 한낮의 햇살에
누군가 부름도 없었지만
간밤의 열차에서 내린 쓸쓸한
외롭고 설레던 마음 한 쪽이

허연 매화 꽃잎에
기적을 울리고 열차는 떠나고
난 후

놀라 깨어났을 봄꽃 몸살이
짓물려진 눈만 비비고 누었다

풀잎처럼

먼 하늘 보고 있으면
바람이
구름을 밀고 간다

사람들아
누가 떠민다고 밀려나지 말자
인생은
자신 스스로 깨우치며

초원 풀잎같이
밟히는 일은 하지 말 것
저 하늘을 보아라

번개 치고 폭풍 뒤의
맑게 개이는
그래서 우리는 함께 눕기도 하고
일어나는 것이다

가을이 온다잖아요

불볕 더위라 해도
제 몫을 다하는 여름날
아픔만큼 타는 불꽃

피한다고 아니 필 꽃 있나요
땀 식힌다고 시원해지나요
조금만 참으시고 기다리시면
가을이 오지 않아요

그때 꽃 지고 나면 단풍은 어때요
계곡마다 색다른 풍경
기다림의 극치지요

그리움으로 말입니다
아침 경쾌하게 들려오는
계곡 속 물소리
흥얼흥얼 내딛는 발걸음처럼요

레인보우 브릿지

어둠 속을 걸어가는
빛 되게 하소서
소소한 꿈들이 큰 꿈을 향한
다리가 되게 해 주소서

슬픈 고난들이 가로질러
더 힘든 길일지라도
웃을 수 있는
무지개 다리를 놓게 하소서

항상 만났던 인연들을
손과 손을 꼭 잡고
아름다운 길 걷게 하시고
희망을 꿈꾸며
기쁜 날 올 때까지

매일 만나도 싫지 않을
사랑을 할 줄 아는 사람이 되어

레인보우 브릿지
건널 수 있도록 도와주소서

모든 날 모든 순간
매일 와닿아도 싫지 않을 우리
지나온 세월만큼
소통도 한방으로 터트릴 수 있는

인생을 살아온 만큼
남은 날이 더 많아서
우리는 서로 지지하는
시를 쓰는 동반자의 길

고샅길이 좋아요
레인보우 브릿지로
우리 하나로 아름답게 걸어갑시다

둥지

만리향 향기에
피었나
올려다 본다
무심코 스치며 지나간 자리

눈 비비며 처다보면
바람이 흔드는 가지 끝에
들리는 노래
정녕 들리는 노래

까마귀 보금자리
부화라도 되었는지
갇혀 지낸 지 얼마든가
푸덕푸덕 깃털 터는 소리

비 오고 난 후

출근길에
동동거리는
차바퀴 소리에

햇살이 늦게 동동
거리며
일어난다
우산 안 든 내가 좋아서

말끔히 씻긴 풀잎이 좋아서
앞서가는 강아지도
동동거린다
나의 입술은 불어터져

소나무 등뼈도
불어터져
물 먹은 흔적에
옹이가 불거졌다

사랑은 외로움의 안식처

바람에 뒹구는 낙엽
애석한 달빛이 숨어들면
대낮부터 술 한잔에
저녁 달님이 서럽다

내가 외로워 앉은 곳에
눈물은 떨어지고

강물은 능수버들 사잇길로
유유한 몸짓으로 섞여가네

이제부터라도
너를 놓지 않으려
처음 만난 순간 점찍어 놓고

보는 눈은 있어 부끄럽다 하지만
어찌 늦었나 물으신다면
차라리 사랑을 몰랐더라면

붉은 초 붉은 눈물
삼경의 빗방울 소리
진정한 사랑은 쉽지만 않네

절색치고 사연 없다
하지 말거라
누구나 외로움은 즐기며
사는 것을

강물 사잇길에 앉은
외로운 낚시꾼 머리 위에
능수버들 한 잎 내려앉는다

그믐달

두려움에 가슴 조이며
행여나 헤어 나오지 못할까봐
멀리 두고 봅니다

반쯤 걸친 옷자락 흘러내릴까봐
무서워
한쪽 눈만 가리고
내 마음 저리고 쓰리도록
참 가슴 아픈 달입니다

사랑을 잃고 지아비에
쫓겨났을 달일지 모르는
시퍼런 눈두덩 한사코 째려보는
그 얼굴

보는 이는 간간히 무심한 말만
푸르른 빛이 내 마음과 같은 줄
한쪽의 푸른빛이 애처로워
자주 눈이 갑니다

강가에 앉아

네가 보고파 질 때면
나는 먼 하늘의 흰구름
내가 너의 이름자 새겨놓은
강 언덕에 앉아

나뭇잎에 쓴 편지
유유한 강물에 흘러 보낸다
외롭고 서글픈 것들

오지 않을 님의 발자취
강가에 띄운
희미한 기억들로 다가가지 못해서
강나루 그늘에서
맴맴 돈다

쓸쓸한 나의 가슴
절간에 앉은 것 같아
가부좌한 내 머리 위로
수양버들이 넘실거린다

내 젊은날의 노래

실크 블라우스에 걸친
긴꼬리 스카프
바람에 휘날린다

금발 머리 금 모래길 따라
입가에 붉은 연정
사랑이 애달파

파도처럼 출렁인다
얇은 치마
바람에 펄럭일 때마다
옛 소녀 시절 그리워

깨금발이 무색하다
햇살 받은
얼굴에 붉은 장미꽃처럼

젊은 날의
사랑 노래 부른다

밤의 연가

언제쯤이나
두발 쭉 뻗고 잘 수 있을까
살금살금 기어오르는
그 무엇이

가위에 눌린 듯
움크린 새우잠으로
꼬박 날을 세웠다
떠날 때가 되었는데 미처
예측 못한

어떤 이의 입 살에 도마 위의 생선
선 하나 쭉 그어지는 벼랑 끝
그까짓 것이 무엇이라고
비우며 채우고 갈 우리

어디에 써먹을 일 조차 없어
훌훌 털어내기 힘든
바보 같은 인생
별과 달은 알고 있다

사랑을 키우며 살자

늘어진 철길이 녹아진다 해도
꽃들은
아름다움을 표현한다

따가운 햇살도 뜨겁다 않고
살갗의 상처 스스로 치유하며
붉게 피어난다

때때로 갈증에
제 몸 추스리지 못해도
원망도 없이 앉은 자리 꽃자리라

혈관의 실핏줄 거머쥐고
굳건히 피어난다
가시에 찔려도
햇살에 쬐여도
마음의 깊은 사랑 표현하며 살자
부메랑 같은 사랑 더운들 어떠랴

날아드는 사랑만큼
뜨겁겠는가

해맑게 웃는 꽃들 사이
사랑을 키우며 살자

해와 달

해가 있던 자리에
달이 걸린다
달이 있던 자리에
해가 걸린다
자신이 앉았던 자리
우뚝 해를 보고 섰다

설레발 치는 한낮이
노을의 환희가 매일매일
오늘만 같아라
나를 지켜주는 든든한
친구만 같아라

인생의 시련쯤 포기도
쉽다지만
그대의 욕망 포기란 없어
좋아라
마음이 바빠 말 건네지

못하고
스치는 눈빛으로만 주고받는
인생길 밝혀주는
그대이어라

때론 강렬해서 매료되고
때론 순수해서 정도 쌓여
별이 빛나는 곳으로
기쁨 나누기를
또 다시 뜨고 지는 그대여
한결같아라

동해

동해에 맑은 물
무릉도원 같아서
이끌리어
주저앉고 말았지

깜깜한 수중의 생은 시작이고
하늘의 흰 구름
그리움은 뜨겁고

물빛에 반해서
하늘빛에 반해서
어디를 가더라도 비할 것 없다

하룻밤 저당 잡힌 이맘
누워 볼 동해바다
마음이 동동거린다

매듭

인간이 만나고 헤어짐은
맺고 풀고 잇고 끊는
인연으로 맺어지는
관계라지요
숱을 화려하게 만드는
한 올의 정성
잘 맺어진 아름다운 결실
그래서 인연이 모이고
또 이어집니다

우리의 삶도 옹골차게
끈끈한 줄기를 엮어
가장자리에 풀리지 않을
매듭
사랑이란 그 인연
한평생 곁에 두고 보아야
늘 예쁘다고 합니다

바다

어제는
바람이 불었다
오늘은 그 바람이 옷깃을 여미고

어제의 파도 치던 날
오늘은 잔잔한 바닷속의
거센 물결이 춤을 춘다 해도

늘 발길은 여기서 있다
외로움에 풀 죽어
그리움을 그립다 말 못 하고

우리가 살아가는 삶 속에
그 무엇이
녹아 흐르는 세월
그렇게 시간은 계절 따라
밀물과 썰물 같은
인생사

때마침
찾아드는 숭어떼 같이
등 허리 휘어짐에 푸른 파도 탄다

相思花

손옥자 시집

3_ 가을

흔적

바위틈 사이 떨어진 씨앗
비록 절벽이 위태롭지만
가냘프게 한 잎의 꽃이
피었네

지난 가을 새의 흔적
바위의 꽃향기로 남아
하늘을 우러러 피어난
이름 모를 꽃 한 송이

낙엽 한 잎과 파란 한 잎

낙엽 한 잎의
벌레의 구멍이
예쁘다

제 몸을 내준
한 생명 먹여 살리는 것이
별도 보고 달이 뜬다

그 우주의 눈빛 하나에
누운 자세가
예쁘다

파란 바지 인위적 구멍
관절 움직임도 예쁘다

가을빛

탈색된 붉은 눈빛
주저리 주저리 차진 빛깔

입속말처럼 내뱉는 신음
어스러지는 등뼈 일으키는소리

주섬주섬 새벽을 걸어
계곡 속의 짙은 풍경
절정으로 치닫는다

머리 위로 내리는 단풍의 수다
마음에 꾹꾹 담아

소녀의 볼같이
부끄러워 더욱 붉다

허덕이는 삶이 더 아름다워

고뇌의
허덕이는 삶의
뒤안길

바람에 흔들리고
뿌리를 깊숙이 내리면

거센 폭풍 몰아쳐도
흔들리지 않아

마음속 살아있는 모든 것이
희망 같은 것
흔들림 없다

흰 구름

온종일 헤매도
끝이 보이질 않는 낭떠러지

두렵고 무서워
가슴 적시는 비

흰 구름 그대 곁을 맴돌며
가고 있는데

아롱거리는 얼굴빛이
원했던 것을 이루지 못한
잿빛 얼굴 하나 본다

홍시

숨 가쁘게 몰아쉰 숨소리
저녁노을만
바라보면

간당간당 넘겨볼 주홍빛
10월 끝자락 나뭇잎 떨구는
찰라
꼭진 손가락 마저 풀린
다문 입술이 서럽다

심폐 소생술이라도 할 참인가?
여러 새들의 간호사
맥박을 짚고 있다

허공에 뜬 시선
쭉쭉 빨아 넘긴 혓바닥
목탁 소리 들린다

반쯤 뜬 초승달 영혼
깊숙이 파고든 염불에
잊고 지낸 홍시
한껏 벗은 몸이 애닯구나

울어보는 겨울 가지 끝
홍시에 걸린 주홍빛 눈물

가을이

그 여름 뜨겁던 날이
가을바람에 밀려났소
고향 찾는 성묘길에
스치는 창가에도
가을이 붉게 익어가고
장대 같은 풀무지 헤쳐
보이지 않은 그리운 사람
비지땀 한 몫 거든
낫질의 성깔머리
휙휙 내던져놓고
반듯한 봉분 한 쌍
그립게도 누었소
사랑이 주렁주렁 익었소
열두대문 다 열어놓고
앞뜰에 익어가는 감나무
붉게도 허리 굽혀 절 하니
초록이 물들기 전에
가을이 붉게 익었소

산

고민하고 고뇌하는 일 없다
마음 편안함 세상 물정
몰라도
다툼 없는 시기함도 없어
좋아라
되돌아오는 메아리 모든
시름이 녹아 사라지는
안개
어제도 오늘도 내일도
맑게 흐르는 시냇물 소리
내 편의 앉아서
운명 같은 청량함에
귀 기울이더라

노랑나비와 파랑 나비

길이 아니면 가지 않던
네가 아니냐
운명이라는 사람이 있어
어차피 가야 할 길이라면
흠모는 확인하는 것이 아니라
확신하는 것이다

모가 아니면 가지 않던
네가 아니냐
이뤄질 수 없는
사랑이라
마음마저 숨기며 살 수 없는
날이 많았기에
끝내 숨은 지고

파도야 어쩌란 말인가?
그때 파랑 나비가 날고

그때 그 자리에 애달픈
길 잃은 노랑나비 한 마리

달도 숨어버리고
감추고 싶지 않을 사랑만
노랑 노랑 날아간다

단풍

노랗게 붉게
스케치하는 붓끝이

낙동강 줄기차게
휘어도는
깊어가는 단풍

절정의 막바지
물감 푼 단풍마저 떨구고 나면
겨울로 가는 길

가을에게
손 인사 건네야지
그리고 마중길 나서야지
나가지 않겠니?

산도라지

아무도 찾는 이 없어요
가녀린 줄기가
한 잎의 꽃향기 진동해도
찾는 이 없어요

하늘의 새 한 마리
보라색 얼굴이
무슨 꽃인 줄도 모른다고
지나칠 리 없잖아요

새에게 물어봅니다
아랫마을로 보내달라
위태로운 삶의 산짐승 소리
무서움에 내려달라

한사코
애원하고 유혹하고
향기 피어오를 때
혼자라도 외롭지 않아요

황산벌의 유채꽃

낙동강 줄기 따라
황산벌 한 귀퉁이의 유채꽃
생의 터전 펼쳐진다

햇살이 나서기를
명당 하나 잘 얻어
연둣빛 키재기 솔바람을 맞고
화려한 자태가 하늘거린다

갈등의 해갈
온 생명들 이어진 철길 위에
어디로 가는지 물을 틈도 없이
기적소리에 놀라

꼿꼿한 자세
간당간당 황홀경의 유혹
흔들고 와도 좋을
아래로 아래로의 눈빛

다리난간 차바퀴 구르면
휘청이는 허리 간신히 붙들고

간드러진 웃음 만발하여
목덜미를 잡은 아름다운
자태가
님이라 부르오리다

가을비 우산 속에

요란한 저 빗소리
만산홍엽들 서럽다
내 심장을 다 태워
오돌오돌 떠는 낙엽 한줄기
어제를 설렁설렁 넘겨볼
붉게 익어가는 마음에
퇴색된 쓸쓸한 마음 한 권
가을비 우산 속에
강렬한 바람의 시샘이
우수수 떨어지는 낙엽
맥을 밟고 선다
아무리 부둥켜 안아봐도
싸늘한 눈총
전신을 휘감아 도는
차가운 굼뜬 몸짓
애달파지도록 우주의 한
귀퉁이의 눈물
가을비 우산 속에

가을비

실컷 퍼붓는 가을비
질겁한 손이 놀고 있다
야트막 천막인 간판
펄럭거리며 설레발 치는
먹자골목 남포동
늙은 등급은 노파가 노점의
가게를 지키고 있다
저기 앉아 팔아줘야지
당면 한 사발 시켜놓고
을씨년스럽게 비 한번 쳐다본다
매끄럽게도 허기를 채우고 난
껴입은 얇은 재킷이
섭섭하리만큼 살갗에 붙어
구시렁구시렁 거린다

풀꽃

문밖인들 어떠냐
홀로 핀 꽃보다
다 같이 피어 좋아라

곱디고운 숨결 한결 모여
피어서
흐드러져 좋아라
꽃 중의 꽃

푸르름 짙어
삐쭉삐쭉 걷는 삶일지라도
잘 가꾸면
어제의 꽃이 아니다

지금도 사 시절 피었다 지고
내치지 말아라
그래도 사람들 눈빛이
겨울 기다린다

가을 장마

거침없이 찾아와
온 천지를 적시고 있다

신록은 깨끗이 목욕하고
가을을 물들일 정화수
떠 놓고

색색의 물감을 푼다
이제는 그칠만 하겠으나
지루한 장맛비

산천이 말하기를 아직도
달콤한지
물어보라 한다

깨금발

청명한 가을 하늘 아래
코스모스 간들거리며
들판 속의 고개 숙인 벼
허수아비 입이 귀에 걸렸다
구름 끝에 햇살이 더 환희
눈부신 것처럼
들판의 가득 쌓인
농부의 마음이 자루마다
깨금발이다
예사롭지 않은 새들의 눈총
또한, 깨금발이다

가을 초대

일탈을 벗고
여행의 자유를 찾아
떠나 보아요

가을에
모든 순간이
삶의 활력을 재 충전으로
떠나 보아요

가을에
당신은 최고의 가을 공주
당신은 최고의 가을 여왕
당신은 언제나 나의 벗

가을 초대는
엽서로 대신 할 께요

들꽃의 아바타

쓰잘머리 없이 쫓겨나서
피워대는 향기
사립문 밖에 퍼질러 앉은
망초 망초 개망초
사잇길 벌을 부른다

산등성 넘어 강둑길 넘어
저기 저 여린 날갯짓
망초꽃 위에 날아들면
험난하고 가파른
돌 틈 사이길
아늑한 집을 짓는다

우주의 한 귀퉁이
살아있는 곡예사 운명
숨 한번 고를 때마다
솟구치는 아교 쫀쫀한
집을 짓는다

누가 가르쳐 준 적 없는데
자연의 순리
머릿속이 하얘지도록
수평을 잡고
수천수만 번의 오지를
넘나 들며 불태웠을 의지

들꽃의 심장을 후벼 파고
꿀을 모은다
산소에 벌초하러 갔다
만난 인연 위험한 아바타
잘만 다스리면 횡재할 석청
허기진 마음을 채울 수 있을까?

相思花

손옥자 시집

4_ 겨울

석양이 질 무렵

벽난로에 불을 지피고
찬기운 달아나면
잠시 쉬려는 거야

하루에 한 번씩 불탑 같은
불길에 휩싸인 욕망을
불살라 먹고 잠시 쉬려는거야

아침 여명 하루해가
가장 아름다울 때처럼
나의 생도 아름답다는 것을

저녁나절
석양이 질 때처럼
황홀함의 발그레한 지친 얼굴이
잠시 쉬려는 거야

서사詩

세상사
모든 인생 이야기들을
삼라만상 존재하는 모든 것들을

성숙과 아울러 끝없이 펼친
오늘
자신의 당면할 욕망과 좌절

위로하고 위로받는
헤쳐나갈 용기
하얀 백지장에 까만 글씨로
전한다는 말이다

석등

고즈넉한 산사의 밤부처님의 자비진리의 빛이 담겨 흐른다 석등으로 밝힌 등불 내 안으로 들어와 두 손을 모으면 동쪽으로 난 창으로 서쪽 초승달 처마 끝에 걸려 머리 위의 연꽃 장식 없은 어머님 가시는 길을 비추고 있다

물소리

산새가 고요 속에
잠이 들어
하얀 이불을 덮습니다

미동 없는 나무들도
하얀 모자를 덮어쓰고
꿈인듯
물소리만 듣습니다

절간의 풍경마저 잠을 자고
흰구름 지난 자리
물소리는 더 크게 졸졸
한쪽 귀퉁이 이불이 젖어

어디선가
소근소근 물소리가
말을 합니다
괜찮아 미안해

어머님 곁에는

어머님 곁에는
언제나 시장 한 귀퉁이
가게가 있었다
어머님 곁에는
살아있는 여럿 생물이 있었고
어머님 곁에는 기다리는 손님도 있었다
이런 날에 입가에서
흘러 나오는 노래
동짓선달 꽃 본 듯이 날 좀 보소
늘 어머님 곁에 있는 생물
찾아온 손님의 손을 잡고
달랑달랑 따라가면
식솔들 많은 우리 집
그의 덕으로
명을 잇고 살았다

청색 도자기 금 간 이야기

청아한 여인의 허리둘레 껴안고
정 붙이며 살던 날
온갖 눈길에 곱게 피운 난이
목마른 물 한모금에

빗금 친 손이
청색 화분 깨뜨리는 날
산산조각이 아니라도
나의 허리만큼 굵은

부서진 원형은 조각조각 금 간
사랑이라
날을 세우고 맨살을 비비고
새파란 가죽 같은 피멍
3분의 1은 되네

혀연 뿌리 헤집어 놘 상처
흙 한줌 살점에 붙인 정

맹목적 사랑으로 더 짙은 향
젖은 옷자락 사금파리 같은
눈물이 더 짙게 푸르다

달님

초저녁 노을 지면
붉게 물들인
하늘을 보았는가

달은 두둥실 뜨고
사람들 마음의 고향 향수
화롯불 지핀 따뜻함을 나누어

어머니 닮은 달님
마음고생 심하다 애타는 모정의
눈물이

여식의 잠든모습 한없이
비쳐보는
이슬 닦아주는 달님이 되셨구나

밤의 빛

정적을 깨우는 빛 하나
겨우내 움츠렸던 나무들
황홀한 옷 하나 걸친다

생의 이 순간이
순리를 거스르지 않고
온 세상 다 거머쥔 호수와
겨울 입술을 깨물고 있다

호수의 잠긴 달도
물에 비친 거울 같은
환한 얼굴로 벌컥벌컥 들이키며
입술을 깨물고 있다

용이 승천하다
빠트린 여의주 건져볼 양
달빛과 함께
호수를 깨물고 있다

삶의 길

내 삶은
청산처럼 흐르는
물이고

가는 길마다
우거진 정글이다

어떻게
헤쳐가야 하는 지
물어볼 참이다

동백꽃

별이 좋은 날
동백나무 아래 앉아
사랑스러운 님을 본다
추운 날인데 강렬한
붉게 물든 마음이
그대의 절조와 절개가
통째 떨구는 애절한
슬픔을 보았다

덩그러니 붉은 눈빛이
아름다워
약속과 같은 그 언약식
그때의 맹세한 지난날을
생각하는가
온통 사로잡힌 그대의 사랑
붉게도 피었다 떨어지는
비정한 한탄이
울먹이고 있다

늙은 호박

네 인생의 넋 하나
늙어지는구나
곱디고운 그 순박한 넋
밤하늘에 걸려 있는
초승달이구나

눈에 쏘옥 들어오는
임의 얼굴이구나
애인의 얼굴이구나
아니 아니
첫사랑 얼굴이구나

그 청춘 다 하고 보니
네 곁에서 벗이 되었구나
한때는 내 사랑 다 받아마시며
풀숲에서도 푸른 벗으로
아름다웠던 날

때로는 말로서 당신의 넋을
깎아 먹고
때로는 기쁨의 환희로
춤추는 그대여

종일토록 따라다니는
골 깊은 공허 기다림의 영혼에
돌아서는 내 모습 같다

어느 겨울날의 사랑

야트막한 소 외양간 옆방서
사랑을 꿈꾸었네
포슬포슬 눈 내리는 저녁나절
구름은 저만치 가고
얼음 언 시냇물 소리
심장 두드리는 소리
소 울음 곡절에도
나는 울었다

이마에 피도 안 마른 놈
식구들 입살
말쑥한 얼굴이 이다지도
애처로웠을까?

작년에 심었던 과수
새싹 필 때 만나자
꼭꼭 다문 입술이 서러워서
구구절절 하고픈 말

다 못하고
두 손 불끈 잡고 걸어
나오던 신작로길
나를 잊으셨는 가

인연

스쳐 지나가는
바람인 것을
생각날 때마다
지나가는
구름인 것을

옷깃만 스쳐도
인연이라 했는데
통하지 않으면
곁눈질로 헤매는 것

염치 없는
마음 얻고부터
그 인연
밝히지 않으련다
스쳐 지나가는
바람일지라도

간절한 소원
마음에 둔 사랑이라면
그 인연
손 내밀어 볼 일이다

입춘

으슬으슬
새벽잠 깨우는 한기
봄 온다고 나발 불든 입춘이
거기서 뭐 하니
으응
강이 얼었어 쉬고 있어
빨리 좀 와 기다리잖아
응
알았어
예측 못 한 날씨 예보
몸 푼 두맹이
우툴두툴 갑옷 입는
둔한 몸집
울음보 터졌다

찻잔

주전자 속의 끓고 있는 물
찻잔 속에 부으면
노오란 국화꽃이 핀다

그대 향기만큼은 아니더라도
국화 향기로 대신한다

찻상 위에 놓인 차
그대 발자국은 미정

기다림에 지친
찻잔이 나만 바라보고 있다

인생

사리분별 못 하고
망둥어 같은 삶을 살면
안된다고 하셨지!

오늘 오르고 싶은 바로
저 고지가 눈 앞에 있다면
경사진 곳은 피하라 하셨지!

오늘도 손님 마중길의
편백나무
햇살 한 움큼

코끝에 스치는 바람 한 가닥

침묵의 바람 소리

산골짜기 어둠이 내리면
새의 울음은 죽고
어디에서 산 짐승 소리
바람 타고 오는 발자국
누구의 울음인가
가름할 수 없는 스치는 예감
둔덕 골짜기
대문을 꼭꼭 잠근 뒤에도
쟁기질로 땅을 헤집고 있는
저것은
분명 멧돼지가 아니고야
무엇이었을까
달도 없는 깜깜함
소름 돋는 침묵
우두둑, 우두둑 씹히는 소리
반짝이는 눈과 눈
마주칠라.
커튼 뒤로 숨고 나면
숲속에서 부는 저 바람 소리

가로등

야밤 중 올곧게도
지켜보는 눈빛
허우대 멀쩡한 것이 내 안에서
흔들린다

남은 생의 등 떠밀려
고르지 않는 숨만 푹푹
바람 한 가닥에도
사시나무같이 흔들린다

어슴푸레 가지 끝을 비추려
안간힘 다한 가냘픈 불빛
너의 고운 빛깔로 마주하는
이 밤은
적막뿐이다

내 깊숙한 허공엔 보름달도
보태는 눈총

눈길 가는 곳마다
너와의 동행길

새벽녘 창가에 찾아온 달빛
가로등보다 더 밝아
또 다른 무엇이 찾는다 한들

우두커니 정원 속을 지키는
네가
너의 주위만 맴맴 돈다

까마득한 날

우리가 걸었던 적이 있던가?
까마득한 날에
뜰에 앉아 토끼풀로
너 하나 나 하나 끼워준 꽃반지

오래 가지 않았지?
꽃이 시들 때 너도 시들어
보낸 서럽던 날

이제
꽃반지 하나
시들지 않았으면 좋겠다
녹아든 마음이 또 시리 울까 봐

방정식

누군가와 함께 한다는 것
누군가와 함께 걸어간다는 것
누군가와 함께 머리를 맞대고
몰두하는

누군가와 함께 공유의
장을 열고
세상 부러울 것 없이 좋은
인연

조금은 모자라는 내가
덮어줄 그대의 인생의
방정식도 되고
수식어도 되는 삶이 아닐까?

비 무장지대
– 용양보

기나긴
단절의 역사 속에
새로운 태동이 튼다.

버드나무 아카시아 우거진
푸르름
금강산 줄기 용양보 늪

철없는 두루미가
지뢰밭 속을 헤집으며
발을 담그고 섰다

5_ 그리고 사랑

위기 아닌 삶은 없다

너럭바위 터를 잡아
이 몸 뉘니
흙 거름이 날아와
이불 덮어준다
거센 바람 이겨내어 움켜쥔
삶

폭풍이 몰아쳐도 긴장 속
사계절이
절벽을 내려다 보아라
가슴이 철렁 내려앉는다

상사화 1

붉은 치맛자락 같은
꽃은 지는데
서풍에 부는 바람의 편지
님은 더디게 온다하네

강 너머 멀고 아득한
흰 구름 두둥실 밀려 오는데
수양버들 손짓이 마중길 서서
인생사

얼굴 한 번 뵌 적 없는 애달픈
삭막한 세월만 보냈으니
어디선가
봄의 풀피리 소리 들리니
걸맞은 곳에 걸터앉아

마음 달래는 애틋한 사랑
어쩌다
밤비에 새잎 돋아나는 태동

하찮은 인연 말고
적적할수록

곁에 인연 되게 해주오

매화 향기

겨우내 웅크린 마음에
젊은날의 님을 맞으려
몸뚱아리 뒤틀어 올라간 곳에
유덕한 임향의 둥치

해묵은 저실마다
돌담길의 사랑 얘기로 잎아
그럴듯이 꽃을 피운다
묵은 고목의 가지에 햇살 따뜻해
간지럼 피우는 짙은 향

잊어버릴 우리네 마음 한 곳
사랑이라 으앙으앙
애련한 향내나는 사람
절집마다 화목으로 우뚝
철따라 길은 멈추고

묵은 해소 기침소리 툭툭
뱉어놓은
옆구리 시린 봄
뛰엄뛰엄 몇개씩 피워보는
매화의 손짓이 그래도 사랑이라
으앙으앙

걸러내지 못한 삶

손으로 얼굴을 가릴 수
있지만
손가락 사이 흐르는 물
큰 강물은 못 막는다

물빛은 보석 같은 영롱함
그 속마저 맑게 흐르진 않아
강바닥

묵은 악취
인간사의 후벼 뜯는
숨겨놘 마음 아니겠는가?

불멸의 안식처

수중에 몸이 담겨
흘러가는 세월들이
대왕암의 전설되어
전신이 녹아 흐르는 바다

풍경처럼 부대끼는
해무와 안개도
시를 쓰는 동행의 길

나의 육신은 녹아 말이 없고
하늘만 무심히 뒷짐진
방랑객

저 바다는 알고 있다
네가 여기 있는 이유를
건진 것 없어도
마음이 따뜻하니 누운 것 뿐이다

그늘 아래서

남에게 무시당하면
안된다 했다
원래 피붙이란

부모의 그늘 추억으로
남는 그리움이라
했다

이제라도
어리석은 일에서 깨어나라
한 발자국 더 열심인 삶에

무지의 땅 한 평만 있어도
후회할 삶은 없다

겨울 강과 바다

백로가 노닐던 곳에
철새들 보금자리
원앙새 다정히 정다움의
겨울 강

바다와 강
수문 여닫히는 소리
숭어떼 모여들면

쉬어가는 철새들
노을 한 가닥 삼킬 때
산등성이 잿빛 구름

찰나의 순간
붉어지는 눈두덩
서쪽 하늘 넘어가는 저녁놀

졸시
– 운명

쉴 새 없이 뛰어야 산다
꿈과 희망 없는 헛손질은
미래도 주저앉고 만다
버팀목으로 사는 바다
거품 문 파도
뛰어야 산다

쉴 새 없이 달려야 산다
눈꺼풀 떨어진다고
눈 감는다면
뒤집히는 상선과 매한가지
푸른 물살 가로지르는

유유자적으로 살아가는 듯
하지만
부레 없는 크나큰 비애
뜬눈으로 평생을 달려야
하는 참치와 같다

저물녘의 노을

인적 드문드문한 곳
초라한 집이면 어떠하리
비가 새면 서까래 올리고

산자락과 나뭇잎이 담장을
넘으면 어떠하리
저물녘에 산그늘 내려오고

새벽 안개와 가랑비
서까래를 적신들
부엉이 울고 꾀꼬리 찾아와
어느 것 하나 놓칠 수 없는
내 소유의 것들

즐겁거나 슬프거나
우울한 현실도피 외롭다
말아라
그래도 앉은 자리 즐기며
살면 되는 것을

상사화 2

오늘 죽으나 내일 죽으나
기다린 마음을
아시는지요

당신의 형상만 그리며
되돌아서는
심장이 아파
앞섶을 거머쥔 핏 바랜 자국들

살다 살다
아름다운 청춘이 무슨 죄랍니까
피었다 지고지순
마음속 연정 평생을 못 뵌 님

당신을
사모한 바보 같은 사랑
부고 한 장 부쳐두고
재촉하는 바람에
핏빛 노을이 서러워라

창문 밖의 액자

블라인드 걷어 올리고
창문 밖을 내다보며
자연의 풍경을 본다

대나무 숲은 춤을 추고
새들은 노래하며
한 폭의 그려낸 수채화

내 눈의
푸른 액자 살아있는 것
나만 가지고 다닌다

날개를 달고

길 언저리 자리한
한적한 공원길
꽃 한 송이에 마음
흔들렸다
나뭇잎 굴러가는 소리에도 설레며
내세울 것도 자랑할 것도
없는 삶일지라도
꽃같이 어여쁜 시절 날개를 단다

시시한 바람에도
흔들리는 가냘픈 몸짓
눈빛 끝에서
뚜 뚝 떨어지는 눈물
홀로 되고 난 생각
떠난 이의 생각
어머니에 대한 애증들이
붉은 실타래
엉켜버린 인연

제대로 피워보지 못한 채
떠난 자의 뒷모습 날개를 달고

헤어짐과 두려움
신열과 망각의 몸살
어언 10여 년을 앓았을 때
세상사는 아픔이야
살아가는 고달픔이야
이제 뿌리박힐 일 있겠느냐
우적우적 씹다 뱉어 낸
햇살보다 더 뜨거운 혈육
연민의 정으로 산다

밤은 지나고

어둠의 밤은 지나가고
어둠의 열차 지나가고
새벽에
다 다른 또 하나?
추억이 담겨오는 바다

그때는
몰랐던 사랑이
이제야 알았네! 그때의 속삭임
사랑이었다는 것을

오른손
번쩍 들어 하늘 향해 휘휘
잡히질 않는 그대
파도가 선 하나 그으며
밀어낼 뿐이다

굳어버린 저 손짓
나를 향한 그리움인가?
아무 말도 못 하고 돌아선
바람이 뒷머리를 잡고 선다

밤비

빗소리만 들어도
애달파 진다
지나간 세월이
그렇거니와
지금의 삶
또한 질퍽하다

잠 못 이루는
밤은 얼마나 길더냐
비 내리는 밤이면
마음 후비는 그리움

나뭇가지에 앉은
작은 새도
그리움 찾아
먼 길 날아가는데
어쩌면 좋으냐
밤은 길기만 한데

창문 두드리는 빗소리가
가슴을 툭툭 친다

한나절

햇살이 정수리에 오면
선창에 가신 어머니
이른 저녁 때 한가득 짐
수돗가에 툭툭 던진 장바구니
고등어 갈치 명태
한 꾸러미씩 사다 놓고
툭 툭 잘라 소금간 치신다
장남이라 가운데 갈치 토막 굽고
장녀라 고등어 자박자박
그 남은 이들은
살 토막 없는 꽁지뿐이다

서평

개성적 액자 속에 담은 참신한 문학미감

| 서평 |

개성적 액자 속에 담은 참신한 문학미감

서 태 수
시인, 문학평론가

〈1〉

흐드러지게 피어서
잔가지마다 퍼질러대는
샛노란 꽃잎들
아무리 세상이 천지개벽이라 해도
저렇게 버릇없는 것 봤나

—「개나리」 부분

손옥자의 시정은 발칙하리만큼 기발한 서정을 개성적 액자 속에 담아 놓았다. 인용한 「개나리」에서 '버릇없는 철부지'를 샛노란 개나리에 비유한 귀여운 풍자도 그렇다. 개나리꽃을 '삿대질하는 철부지'로 치환한 인식은 화려하고 아름다운 꽃보다 소박하고 은은한 자태를 더 사랑했던 우리 민족의 꽃문화를 연상시킨다. 특히 개나리꽃은 민간 설화에서 개똥으로 비견할 만큼 배척한 꽃이다. 개나리꽃의 특성을 함축하여 '예쁘기는 하다만 / 전통 예절 배우고 난 뒤 보자꾸나'에 담긴 시인의 품격이 우아하면서도 상큼, 발랄하다.

손옥자 시인의 첫 시집 『상사화』 100여 편의 일차 정독은 위와 같은 뜻밖의 시적 미감美感에 무릎걸음으로 다가앉아 감탄하면서도 이따금 아쉬운 미소가 교차하는 소감이었다. 손옥자 시의 특징은 다채롭다. 시정 포착의 예리한 눈매, 참신한 비유적 감각, 재치 있는 시어 연결, 선시禪詩 느낌의 함축적 마무리, 의미망의 야무진 논리 구조를 구현하면서도 비시적非詩的 진술이 꿈틀거리는 미숙한 맛을 동시에 느끼게 한다.

시인이 '봄, 여름, 가을, 겨울, 그리고 사랑'으로 분류한 편집 의도는 자신의 시정을 각 계절의 보편적 이미지와 결합시킨 것 같다. 본고에서는 각 장에서 특정한 시편을 골라 앞에서 언급한 시적 특징들을 소략하게나마 높아보고자 한다.

〈2〉

제1부 〈봄〉은 그리움, 정념 등을 봄의 보편적 서정과 결합하여 안온하게 버무렸다. 전반적으로 시정들이 따

뜻하다. '문밖으로 / 아이 울음이 크다고 // 망보는 딱따구리'(-「딱따구리」)에 드러난 부부 금실 같은 화목한 서정이다. 손 시인의 시에서 발현되는 문학미감의 특징은 무엇보다 낯설게 하기가 생뚱맞다고 느낄 만큼 참신한 서정들이다.

온 세상천지 무더기
내 마음속 분홍빛 연정
햇살에 담겨 수다로 며칠
잘난 체하다
누구의 입살에
치마 끝 하나 거머쥐지 못한
헐거워진 고쟁이 끈
삐쭉삐쭉 내미는

푸른 잎사귀에 쫓겨나는
꼴 좀 보소
포르르 포르르 내 입술에 앉아
조곤조곤 하소연하다
진작 알았더라면 고쟁이에
고무줄 하나
꿰서 둘 걸 그랬나

-「벚꽃이 안녕을 고하다」 전문

분홍빛 연정에 비유된 벚꽃 이미지는 식상하다. 그러나 곧 제 잘난 수다쟁이로 은유하여 시정을 고조시키더니 급기야는 고쟁이로 치환한다. 벚꽃 낙화에 고쟁이라니! 쉽게 속곳을 풀어헤치는 헤픈 여인의 낙화 이미지가 너무나도 생뚱맞아 소름 끼치는 쾌감을 자아낸다. 꽃잎과 입술의 연결도 상큼하다. 시편 곳곳에 운용되는 이러한 기발한 시정 포착은 손 시인 시의 빛나는 미감이다. 「홍매화」도 그렇다. 홍매화가 '봄햇살, 발정난 수캉아지, 여인의 젖멍울'로 전이되면서 붉은 색조의 관능적 이미저리imagery를 형성하기도 한다.

세월 속 연륜을 느끼게 되는 시인의 현실과 외로움도 봄의 생동하는 이미지 속에 반성적으로 구현된다. 「삶이란 것이」에서는 중년을 바라보는 시인에게 꽃들이 지닌 꿈의 향기를 불러와 '눈물이 마르면 감성은 부서지는 낙엽'의 현실을 극복하기도 한다. 그리하여 「남은 생의 먼 그리움」에서 '봄꽃 피는 세월에 / 그리움 채우며 사네'라고 읊는다. 시인이 경험하는 삶의 편린들에서 전이된 시정들이 적극적이고 긍정적이다.

제2부 〈여름〉은 뜨거운 계절의 이미지다. 치열한 삶의 현장을 시화하는 과정에서 범속한 시상이라면 여름의 열기 이미지를 직선적으로 접맥시킬 것이다. 그러나

손 시인은 상식적인 여름 이미지에 반기를 든다. 불에 대응하는 물의 이미지를 소환하여 치열한 삶의 깊이를 꿰뚫는다. 그가 동원한 비는 열기를 식히는 매체다. 그런데 특이한 점은 비가 동동거리는 삶의 현장을 식히는 매체로만 기능하는 것이 아니라 오히려 재충전의 요소로 기능하게 만든다. 비의 기능을 이중적으로 전환시킨 것이다.

> 출근길에
> 동동거리는
> 차바퀴 소리에
>
> 햇살이 늦게 동동
> 거리며
> 일어난다.
> 우산 안 든 내가 좋아서
>
> 말끔히 씻긴 풀잎이 좋아서
> 앞서가는 강아지도
> 동동거린다
> 나의 입술은 불어터져
>
> 소나무 등뼈도

불어터져
물먹은 흔적에
옹이가 불거졌다.

―「비 오고 난 후」 전문

삶의 열정을 비 오고 난 뒤의 상황에서 더욱 극명하게 조명시키고 있다. 자동차 바퀴, 햇살을 동원하고 강아지까지 불러들이면서 경쾌한 일상을 연출한다. 그러나 우산이 필요 없는 그 일상은 오히려 입술이 부르트는 치열함이다. 역시 마지막 연에서 예사롭지 않은 비유적 상관물을 동원한다. 등골이 드러난 소나무의 옹이는 신산辛酸한 삶의 흔적이다. 그런데 퉁퉁 불어터질 만큼 물을 먹었다는 의미는 단순히 빗물만을 느끼게 하지 않는, 매우 다의적인 의미망을 구축하고 있다. 여름 이미지에 반기를 든 치열한 일상 서정은 「바다」도 마찬가지다. 등허리가 휘어지도록 파도를 타는 노동은 밀물과 썰물처럼 무한 반복되는 삶의 현장이다.

그렇게 시간은 계절 따라
밀물과 썰물 같은
인생사

때마침

찾아드는 숭어 떼같이
등허리 휘어짐에 푸른 파도 탄다.

–「바다」 부분

제3부 〈가을〉은 결실과 수확을 느끼면서도 스며드는 쓸쓸한 서정을 승화시킨다. 시력 10년에 첫 시집을 상재하는 경력이라 손 시인이 지닌 매서운 시의 눈매는 어디서 오는지는 알 수 없지만, 그의 시편들에 보편적으로 드러난 장단점을 고려해 볼 때 창작의 연륜이라기보다는 타고난 감성인 것 같다. 그리고 시적 마무리의 비약적 묘미 구사는 그가 경험으로 익힌 작법 능력일 것이다.

낙엽 한 잎의
벌레의 구멍이
예쁘다

제 몸을 내준
한 생명 먹여 살리는 것이
별도 보고 달이 뜬다

그 우주의 눈빛 하나에
누운 자세가

예쁘다

파란 바지 인위적 구멍
관절 움직임도 예쁘다

―「낙엽 한 잎과 파란 한 잎」 전문

벌레 먹은 낙엽 한 잎에서 포착하는 시정의 폭과 깊이가 놀랍다. 우선 쉽게 눈에 띄는 어휘가 '예쁘다'의 반복이다. 이는 세상을 응시하는 시인의 따뜻한 정감의 표출이다. 사소한 존재인 낙엽 한 잎에서 역시 미물인 벌레의 생명성을 착상시키고, 나아가 우주의 섭리에까지 사색의 폭과 깊이를 확장 심화한다. 더욱 놀라운 포착은 여기에서 연상되는 찢어진 청바지를 입은 젊은 생명성의 견인이다. 조락에서부터 완성에 이르기까지 가을이 주는 다양한 이미지를 다층적으로 이끌어내어 종국에는 인간 존재의 활동성에 귀결시키는 시적 구성에 찬탄을 금할 수 없다. 생명성의 작은 낙엽 구멍과 미적 감각을 위한 청바지의 인위적 구멍 대응도 놀랍다. 인간, 특히 젊은이들에게는 미적 감성이 생명만큼이나 소중한 가치관까지 결합되어 있는 현상을 볼 때 더욱 그렇다. 시구 '낙엽 한 잎의 / 벌레의 구멍'에서 사용된 조사 '의' 사용의 어색함을 제외하고는 표현에 군더더기도 없이 깔끔하다.

> 파도야 어쩌란 말인가?
> 그때 파랑 나비가 날고
> 그때 그 자리에 애달픈
> 길잃은 노랑나비 한 마리

–「노랑나비와 파랑 나비」 부분

푸른 파도와 해변을 나는 노랑나비에서 유추한 청마의 사랑을 연상시키는 작품이다. 인간이 가야 할 당위적 행로와 가서는 안 될 운명적 사랑 사이에서 번민하던 당사자들을 준열하게, 그러나 따뜻한 마음으로 소환한다. 마지막 행 '노랑 노랑 날아간다'는 시구가 사랑놀음만큼 감미롭다.

제4부 〈겨울〉에서는 동장冬藏의 이미지에 맞게 휴식의 여유와 향수 어린 사색의 내용들이 수록되어 있다. 어머니를 중심으로 한 혈육, 사랑, 불교적 명상 등이 주요 제재다. 어릴 적 사랑방이나 곁방에 오순도순 모여 도란거리던 옛 정담이 느껴지는 분위기를 자아내기도 하고, 바쁜 일상들에서 잠시 벗어나 혼자 사색에 젖어 들기도 한다.

벽난로에 불을 지피고
찬 기운 달아나면
잠시 쉬려는 거야

하루에 한 번씩 불탑 같은
불길에 휩싸인 욕망을
불살라 먹고 잠시 쉬려는 거야

아침 여명 하루해가
가장 아름다울 때처럼
나의 생도 아름답다는 것을

저녁나절
석양이 질 때처럼
황홀함의 발그레한 지친 얼굴이
잠시 쉬려는 거야

–「석양이 질 무렵」 전문

차가운 겨울의 백색白色 이미지를 기반으로 하면서 시정은 온통 진홍眞紅으로 채색된 서정이다. '벽난로, 불길, 여명, 해, 석양'으로 응집된 적색 심상이 전편을 압도하면서 '욕망, 아름다움, 황홀함' 등의 동일 색상으로 상승적으로 견인하고, 이 모든 것들이 '황홀함의 발그레한 지친 얼굴'이라는 정점을 향해 초점을 맞추고 있다. 상승 이미지가 분위기를 압도하지만 주제는 휴식의 하강곡선을 지향하고 있어 언밸런스unbalance 속의 평안을 느끼게 한다. 치열한 삶 속에서 맛보는 휴식이다. '아침 여명'의 중복, '황홀함의 발그레한 지친 얼굴'의 비문 등 세련되지 못한 표현이 있지만 색상과 냉온감각을 복합적으로 용해한 미적 기교는 시인이 갖춘 개성적 감각을 잘 보여주고 있다. 이와 같은 복합적 심상의 토로는 손 시인의 내면에 얽혀 있는 다양한 자아인식의 발현으로 유추할 수 있는데, 그런 서정이 노골적으로 표출된 작품도 보인다.

> 야밤중 올곧게도
> 지켜보는 눈빛
> 허우대 멀쩡한 것이 내 안에서
> 흔들린다.
>
> —「가로등」 부분

자아의 영혼을 탐색하는 사념 깊은 시다. 한밤중 적막한 허공을 지켜 선 가로등의 올곧은 몸짓에서 오히려 '사시나무 같이 흔들린다'는 동류의식의 서정을 느낀다. 이러한 시정들은「늙은 호박」에서도 드러나듯 무언가를 기다리고 또 찾아나서는 인간의 '골 깊은 공허'에 본질적 맥락이 닿은 것으로 손 시인이 지닌 내면 갈등의 한 모습이기도 하다.

제5부 〈그리고 사랑은〉에서는 사랑, 그리움, 삶에 대한 사유 등 일상에서 접하는 다양한 서정이 묶였다. 시인은 개인적 삶의 과정 수용은 매우 긍정적이다. 이러한 긍정은 아래 작품에서 보이듯 '쉴 새 없이 뛰어야 산다', 그리고 '쉴 새 없이 달려야 산다'는 그의 적극적 생활관에 기반하고 있다. 그러한 삶을 참치에 등치等値시킨다.

유유자적으로 살아가는 듯
하지만
부레 없는 크나큰 비애
뜬눈으로 평생을 달려야
하는 참치와 같다.

–「운명」 부분

'유유자적'과 '뜬눈'에서 시인이 사회적으로 엮어가는 실체적 역할을 충분히 엿볼 수 있다. 이 양면성은 치열한 삶의 긍정적 수용이다. 이와 같이 시인이 스스로 긍정하는 삶도 근원은 결핍을 느끼고 또 그 빈 공간을 채우는 과정에서 형성된다. 그래서 시의 본질적 서정은 그 대상이 무엇이든 결핍에서 연유한다. 다만 이러한 응전과 극복은 독자적, 혹은 주체적 행위의 결실이기에 대상과 호응해야 하는 상대적 경우는 상황이 달라진다. 그 정점에 사랑이 있다. 사랑은 마주보는 상대와의 교감이기 때문이다. 그런데 시인이 채택한 제재 상사화는 생래적生來的으로 상대의 부재 상황이다.

붉은 치맛자락 같은
꽃은 지는데
서풍에 부는 바람의 편지
님은 더디게 온다 하네

강 너머 멀고 아득한
흰 구름 두둥실 밀려오는데
수양버들 손짓이 마중길 서서
인생사

얼굴 한번 뵌 적 없는 애달픈
삭막한 세월만 보냈으니
어디선가
봄의 풀피리 소리 들리니

걸맞은 곳에 걸터앉아

마음 달래는 애틋한 사랑
어쩌다
밤비에 새잎 돋아나는 태동
하찮은 인연 말고
적적할수록

곁에 인연 되게 해주오

—「상사화」 전문

표제시 상사화 두 편 중의 첫 번째 작품이다. 치맛자락이 진다는 것은 여성성 상실의 상징적 표현이다. 마지막 순간까지도 임이 부재不在하는 애틋한 인연을 형상화한 시정이다. 흰 구름과 수양버들의 이미지도 대조적이다. 이동이 자유스러운 구름과 이에 조응하는 버드나무는 붙박이 존재이다. 구름은 실체가 없고, 수양버들은 애틋한 몸짓 이미지다. 시인이 상사화에서 인식한 사랑의 완성은 오롯이 구름의 의지에 달렸을 뿐 진정 수양버들에게는 결정권이 없다는 점이다. 그래서 '곁에 인연 되게 해주오'라는 서정은 소극적인 사랑 인식으로, 현실적으로 손 시인이 지닌 여성성의 한계 인식이며 그 극복은 미완의 서정이다. 전통적 한국 서정을 그도 벗어나

긴 어려운 가치관 때문일 것이다.

〈3〉

서두에서 손옥자 시의 특징으로 시정 포착의 예리한 눈매, 참신한 비유적 감각, 재치 있는 시어 연결, 선시 느낌의 함축적 마무리, 의미망의 야무진 논리 구조 등으로 정리했다. 아울러 비시적 진술이 꿈틀거리는 미숙한 부분도 있음을 지적하였다.

시가 언어예술의 정점에 위치하므로 비시적 진술은 사소하면서도 중요한 문제점이기에 예를 몇 개만 들겠다. 「사랑은 외로움의 안식처」에서 달빛 흐르는 강물 이미지에 사랑을 실어 '강물 사잇길에 앉은 / 외로운 낚시꾼 머리 위에 / 능수버들 한 잎 내려앉는다'는 재치를 담으면서도 제목은 평범한 주제 설명의 문구로 만들었다. 「깨금발」에서 '들판 속의 고개 숙인 벼~농부의 마음이 자루마다 깨금발이다'에서 조사 '의' 사용이 어색한데 이런 문제점은 여러 시편에서 남용되고 있다. 이러한 비시적 표현은 신인의 일반적 특성이기도 하기에 더 많은 장점을 지닌 손옥자 시인에게는 역설적으로 발전의 가능성을 확인할 수 있는 요소이기도 하다. 풍부한 시적 감성을 지닌 손 시인은 이를 금세 보완할 것이다. 손 시인에게는 자신이 지닌 독특한 개성을 지속적으로 승화,

발전시키는 긍정적 자아 인식이 엿보이기 때문이다.

내 눈의
푸른 액자 살아있는 것
나만 가지고 다닌다

—「창문 밖의 액자」 부분

손옥자 시인의 첫 시집 『상사화』는 창문 밖 자연 풍경을 내다보며 '내 눈의 푸른 액자'를 발견하는 자존적 눈매가 돋보이는 시편들이 많았다. 기발한 시정 탐색과 참신한 비유적 감각은 그가 그리는 푸른 액자 속에 독특한 개성과 세련된 서정으로 더욱 빛날 것이라 기대한다.

상사화

인쇄일 2020년 6월 10일
발행일 2020년 6월 15일

지은이 손옥자
펴낸이 박철수
펴낸곳 도서출판 **해암**

등록번호 제325-2001-000007호
주소 부산시 중구 대청로 138번길 9 (대원빌딩 302호)
전화 051)254-2260
팩스 051)246-1895
메일 haeambook@daum.net

ISBN 978-89-6649-185-8 03810

값 10,000원

한국예술인복지재단
* 본 도서는 2020년 **한국예술복지재단** 창작 지원(디딤돌)으로 제작되었습니다.

* 이 도서의 국립중앙도서관 출판예정도서목록(CIP)은 서지정보유통지원시스템 홈페이지 (http://seoji.nl.go.kr)와 국가자료공동목록시스템(http://www.nl.go.kr/kolisnet)에서 이용하실 수 있습니다. (CIP제어번호: CIP 2020022898)